Peter Hahne

Auf den Wegen des Lebens
gesegnet

JOHANNIS LAHR

Bildnachweis: Umschlagbild: © UM
S. 4/5: M. Schneiders; S. 6: P. Jacobs; S. 7: W. Matheisl; S. 9 (links): R. Rauth; S. 9 (rechts): W. Rauch; S. 10, 23: P. Santor; S. 11: U. Seidel; S. 12/13: U. Schneiders; S. 14: H. Müller-Brunke; S. 15, 30, 31: K. Radtke; S. 17 (links), S. 25 (rechts): L. Bertrand; S. 17 (rechts): H. Herfort; S. 18, 27: W. Söllner; S. 19: B. zur Bonsen; S. 20/21, 22, 28/29: M. Mehlig; S. 25 (links): Jung/Bildagentur Geduldig; S. 26: H. Schlegel

Die Deutsche Bibliothek – CIP-Einheitsaufnahme

Hahne, Peter:
Auf den Wegen des Lebens gesegnet / Peter Hahne. – Lahr : Johannis, 1993
ISBN 3-501-05902-7

ISBN 3-501-05902-7

Auf den Wegen des Lebens 05 902

Gesamtherstellung:
St.-Johannis-Druckerei, 7630 Lahr
Printed in Germany 11189/1993

Leben im Segen – das ist kein Besitz. Das ist Geschenk. Keine fromme Redensart, sondern Erfüllung. Nicht die vergängliche Welt, sondern der ewige Gott hat mich in der Hand.

Bei Gott sitzen wir immer in der ersten Reihe. Er macht aus Hinterbänklern Erstplazierte. Sein mutmachendes, tröstendes und segnendes Wort gilt mir ganz persönlich. Gott hält sein Auge auf mich. So »auf den Wegen des Lebens gesegnet« zu sein, wünsche ich Ihnen

Ihr

Gottes Segen macht Menschen dankbar. Dank wirkt Wunder und läßt Leben blühen. Gesegnete Menschen sind nicht die, die am meisten haben. Es sind die, die am meisten danken.

Sich für Gott entschließen,
erschließt meinem Leben
einen unendlichen Segensstrom.

Gott segnet nicht durch Ruhe, sondern durch Aufgaben. Wer für ihn am Werk ist, wird reich beschenkt. Gesegnete Leute machen keine Schlagzeilen; sie hinterlassen Spuren für die Ewigkeit.

Segen ist Lebenskraft.
Segen steht für Fülle und Wohlergehen.
Erntesegen, Kindersegen. Gaben Gottes.

Segen stiftet Gemeinschaft.
Wir können einander segnen.
Auch Menschen, die es uns schwer-machen. »Segnet, die euch fluchen!« (Matth. 5, 44).

Segen ist Dienst.
Ich stelle den Nächsten unter Gottes Augen. Krankensegen. Reisesegen.

Meine Zeit steht in Gottes Hand. Wer Ewigkeit hat, der hat auch Zeit. Mit Gott wird alles gewonnen; ohne ihn ist alles verloren – auch der Segen der Zeit.

Keine Zeit zu haben ist das Glaubensbekenntnis des modernen Heidentums. Es ist der Verlust der Ewigkeit, der uns in Trab hält, in diesem Leben nur nichts zu versäumen.

Wer die Zeit totschlägt, der verpaßt das Leben.

Gesegnete Menschen sind echte Persönlichkeiten. Gott hat uns als Originale geschaffen, nicht als Kopie.

Das Entscheidende ist nicht, daß ein Mensch gebildet, erfolgreich und begütert ist; sondern daß er gesegnet ist, von Gott beschlagnahmt und beschenkt.

»Gott segnet den nicht, der sich selbst für groß hält« (Spurgeon).

Wer im Vertrauen auf Gott sät, wird Segen ernten.
Wo gebetet wird, da fließt Segen.
Nicht mit Ellenbogen, sondern auf Knien kommt Segen in unser Leben.

Wer nicht betet, entzieht sich dem Segen.
Loben und Danken öffnen dem Segen Tor und Tür.
Demut bringt Segen.
Hochmut zerstört ihn.

Grenzen im Leben
– Leid, Kummer, Sorgen –
sind nicht Ausschluß, sondern
Anschluß an Gottes Segen.

Mancher hat in der Zeit des Leidens mehr Segen gestiftet, als in den Jahren der Kraft.
Segen bringt nicht Erfolg, sondern Erfüllung.

Gesegnetes Leben ist ein Leben mit Weitblick und Tiefgang. Jeder Weg, den Gott mit Menschen geht, ist eine Geschichte des Segens. Segen führt in die Geborgenheit. Wenn Gott segnet, so heißt das: Ich lasse dich nie allein. Ich helfe dir tragen. Du bleibst in meiner Hand. Ich lege dein Leben groß an.

Gesegnete Menschen sind gelassene Leute.
Sie haben alles. Überreich.
Sie können ausruhen, stille sein, Kraft schöpfen.
Gott gönnt uns eine Pause.
Gesegneten Menschen läuft nichts davon.
Pausenloser Einsatz ist gelebter Unglaube.

Segen ist ein Geschenk.
Nur in leere Hände gibt Gott Segen.

Gesegnet leben heißt:
Die Hände frei haben für Gottes Gaben. Segen ist kein Privatbesitz. Er will sich mitteilen.
Unser Leben soll ein Segen sein. Wer gerne gibt, der wird reich gesegnet.

Der Herr segne dich und behüte dich.
Der Herr lasse sein Angesicht leuchten über dir und sei dir gnädig.

Der Herr erhebe sein Angesicht auf dich und gebe dir Frieden.

4. Mose 6, 24–26

Keiner muß alleine sein.
Gottes Nähe ist mir sicher.
Wo Jesus ist, da ist Segen.
Allmacht mitten in meiner Ohnmacht.

Verlorenheit ist die höllische Kehrseite des himmlischen Segens.

Niemand empfängt Segen nur für sich selbst.
Gott sagt: »Ich will dich segnen, und du sollst ein Segen sein« (1. Mose 12, 2).

Gesegnete sollen segnen.
Wer teilt, hat Anteil an der Segensfülle Gottes.
Einen anderen segnen heißt: Gutes über ihn denken und reden und für ihn tun.
Geteilter Segen bringt doppelte Freude.

Wo Gott ist, da ist Segen. Wer Gott nicht will, bleibt ungesegnet.

Gehorsam gegen Gott erfüllt ein Leben mit Segen. Nur durch Gottes Ansehen und Segnen werden wir Persönlichkeiten mit Ewigkeitswert.

»Kommt her, ihr Gesegneten meines Vaters, ererbt das Reich, das euch bereitet ist vor Anbeginn der Welt!« (Matth. 25, 34).

*Gottes Wort ist die Quelle
allen Segens.
Wer ihm vertraut, hat Kraft zum
Leben.*

*Alle Segnungen Gottes sind auf Steigerung angelegt.
Jede Erfüllung ist eine Verheißung auf noch Größeres.*

*Selbstgewählte Wege
bleiben ohne Segen.
Wer Gott ausklammert,
geht in die Irre.
Gesegnete Menschen
kommen immer in
vorbereitete Verhältnisse.
Das Ziel heißt nicht
Glück, sondern Segen.*

Segensgebet

Der Herr sei vor dir, um dir den rechten Weg zu zeigen.

Der Herr sei neben dir, um dich in die Arme zu schließen, um dich zu schützen gegen Gefahren.

Der Herr sei hinter dir, um dich zu bewahren vor der Heimtücke des Bösen.

Der Herr sei unter dir, um dich aufzufangen, wenn du fällst.

Der Herr sei in dir, um dich zu trösten, wenn du traurig bist.

Der Herr sei um dich herum, um dich zu verteidigen, wenn andere über dich herfallen.

Der Herr sei über dir, um dich zu segnen.

So segne dich der gütige Gott heute und morgen und immer. Amen.

Patrick, Apostel von Irland

Liebe Leser,

hat Ihnen dieses Bändchen Freude bereitet?

Es gibt zwei weitere Titel in gleicher Aufmachung:

Auf den Wegen des Lebens getröstet. Nr. 05 901
Auf den Wegen des Lebens geborgen. Nr. 05 903

Wenn Sie weitere Bild-Text-Bändchen von Peter Hahne lesen und betrachten wollen, können wir Ihnen folgendes empfehlen:

Nachrichten, die Mut machen. Worte in unsere Zeit. 48 Seiten geb. Nr. 05 006
Mit dem Atem der Hoffnung leben. Postkartenbuch. 15 Postkarten. Nr. 06 015
Dank für heute und morgen. 16 Seiten. Nr. 11 501
Stille für heute und morgen. 16 Seiten. Nr. 11 502
Hoffnung für heute und morgen. 16 Seiten. Nr. 11 503
Freude für heute und morgen. 16 Seiten. Nr. 11 504
Friede für heute und morgen. 16 Seiten. Nr. 11 505
Mut für heute und morgen. 16 Seiten. Nr. 11 506